Impressum
Verlag: BABADADA GmbH, Nedderfeld 112 , 22529 Hamburg
Geschäftsführer / Verlagsleitung: Harald Hof
Druck: Books on Demand GmbH, In de Tarpen 42, 22848 Norderstedt

Imprint
Publisher: BABADADA GmbH, Nedderfeld 112 , 22529 Hamburg, Germany
Managing Director / Publishing direction: Harald Hof
Print: Books on Demand GmbH, In de Tarpen 42, 22848 Norderstedt, Germany

škola
skola

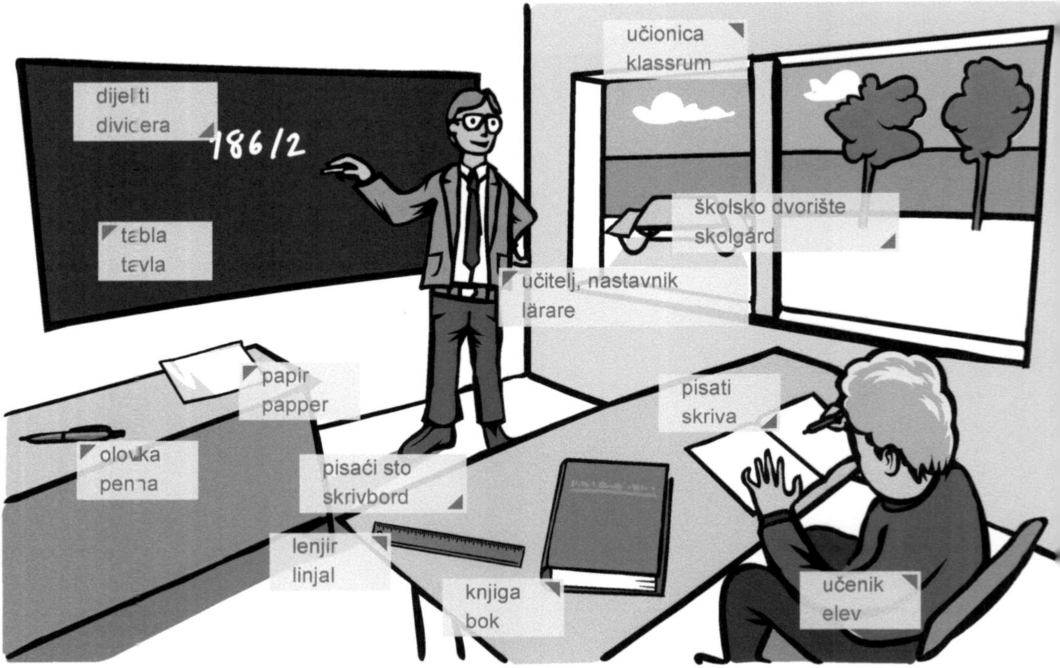

učionica
klassrum
dijeliti
dividera
186/2
tabla
tavla
školsko dvorište
skolgård
učitelj, nastavnik
lärare
papir
papper
pisati
skriva
olovka
penna
pisaći sto
skrivbord
lenjir
linjal
knjiga
bok
učenik
elev

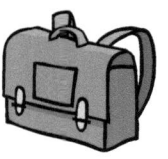

torba

skolväska

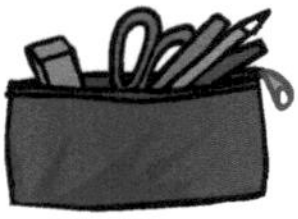

pernica

pennfodral

drvena olovka

blyertspenna

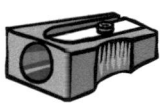

šiljalo za olovke

pennvässare

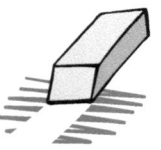

gumica

suddgummi

blok za crtanje

ritblock

crtež
teckning

kist
pensel

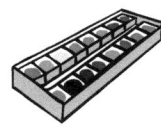

kutija s bojama
målarlåda

makaze
sax

ljepilo
lim

vježbanka
övningsbok

domaća zadaća
hemläxa

broj
tal

sabirati
addera

oduzimati
subtrahera

množiti
multiplicera

računati
räkna

slovo
bokstav

abeceda
alfabet

riječ
ord

tekst
text

čitati
läsa

kreda
krita

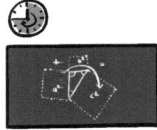

sat
lektion

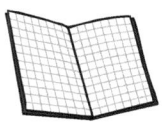

školski dnevnik
register

ispit
prov

svjedočanstvo
ntyg

školska uniforma
skoluniform

izobrazba
utbildning

leksikon
uppslagsverk

univerzitet
universitet

mikroskop
mikroskop

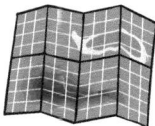

karta
karta

korpa za papir
papperskorg

putovanje
resa

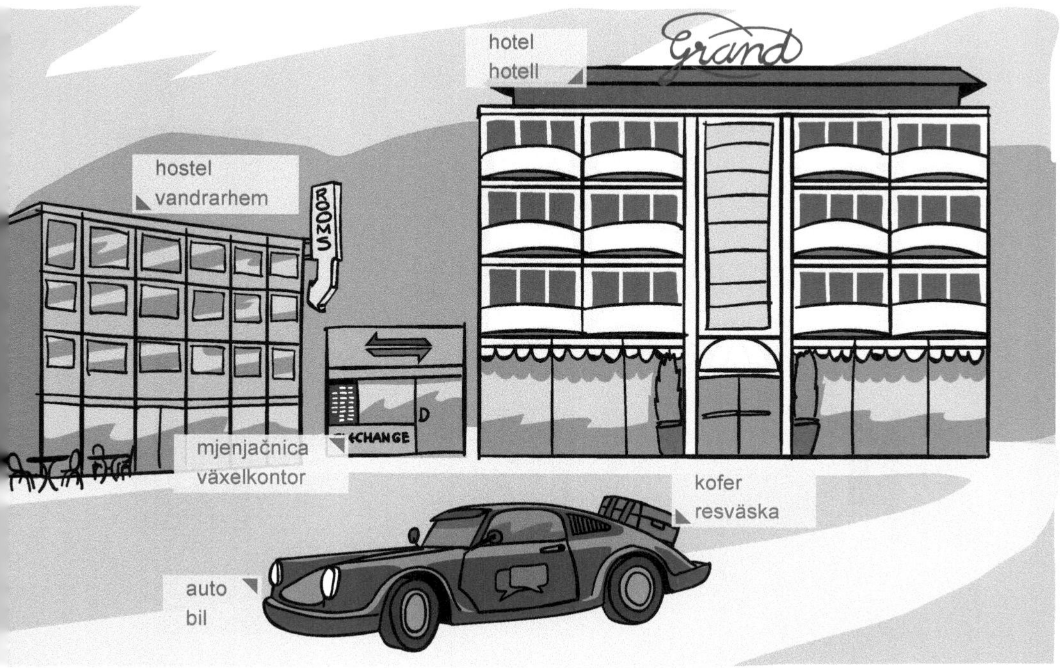

hotel
hotell
Grand
hostel
vandrarhem
ROOMS
EXCHANGE
mjenjačnica
växelkontor
kofer
resväska
auto
bil

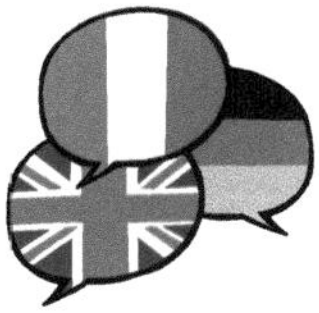

jezik

språk

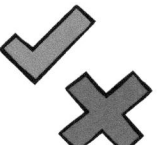

da / ne

ja / nej

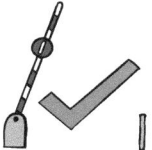

okej

Okay

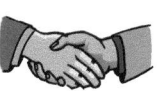

zdravo

hej

tumač

översättare

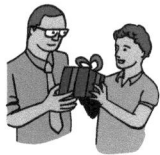

hvala

Tack

Koliko košta...?

hur mycket kostar...?

Ne razumijem

jag förstår inte

problem

problem

dobro veče!

God kväll!

Dobro jutro!

God morgon!

Laku noć!

God natt!

do viđenja

hejdå

smjer

riktning

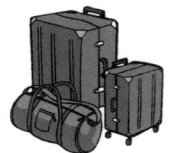

prtljag

bagage

torba

väska

ruksak

ryggsäck

gost

gäst

soba

rum

vreća za spavanje

sovsäck

šator

tält

turističke informacije

turistinformation

plaža

strand

kreditna kartica

kreditkort

doručak

frukost

ručak

lunch

večera

middag

putna karta

biljett

lift

hiss

poštanska markica

frimärke

granica

gräns

carina

tull

ambasada

ambassad

viza

visum

pasoš

pass

transport
transport

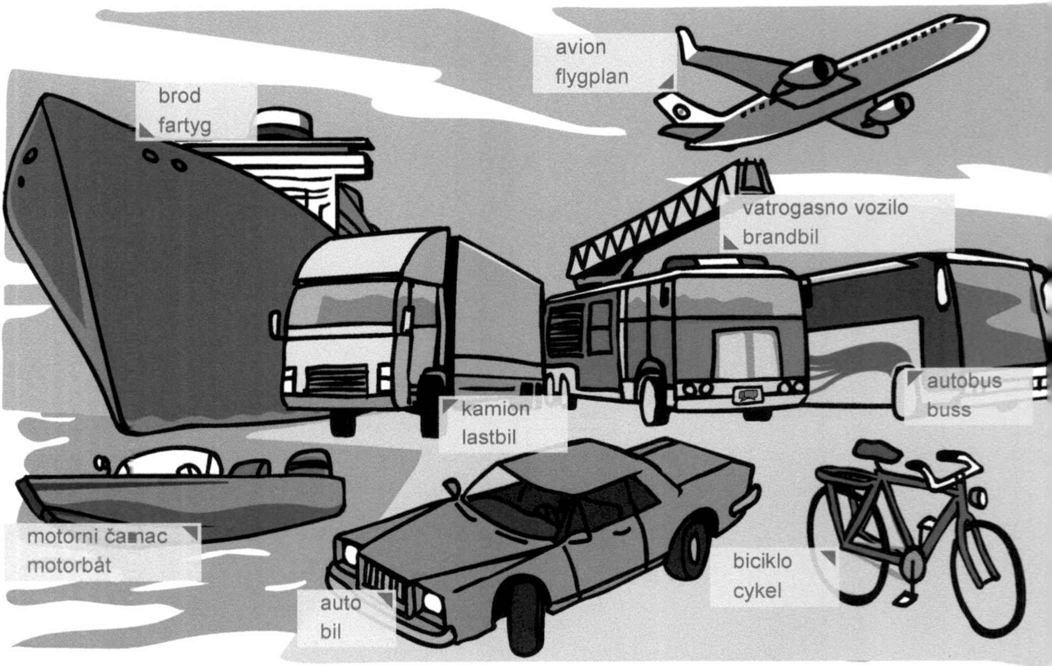
brod
fartyg
avion
flygplan
vatrogasno vozilo
brandbil
kamion
lastbil
autobus
buss
motorni čamac
motorbåt
auto
bil
biciklo
cykel

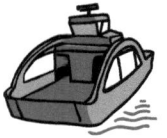

trajekt
färja

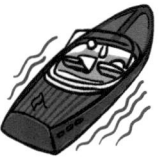

brod
båt

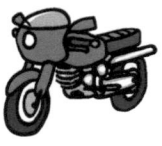

motocikl
motorcykel

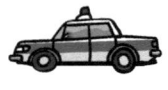

policijski automobil
polisbil

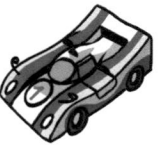

trkaći automobil
racerbil

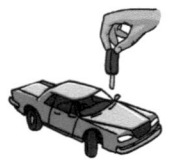

unajmljeni automobil
hyrbil

kar-šering
bilpool

pauk
bärgningsbil

smećarsko vozilo
sopbil

motor
motor

gorivo
bränsle

benzinska pumpa
bensinstation

saobraćajni znak
vägmärke

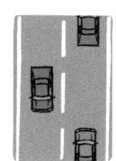

saobraćaj
trafik

zastoj
bilkö

parking
parkeringsplats

željeznička stanica
tågstation

šine
räls

voz
tåg

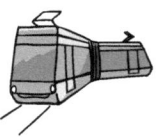

tramvaj
spårvagn

vagon
vagn

helikopter

helikopter

aerodrom

flygplats

toranj

torn

putnik

passagerare

kontejner

container

karton

kartong

tačke

vagn

korpa

korg

poletjeti / sletjeti

starta / landa

grad

stad

selo

by

centar grada

centrum

kuća

hus

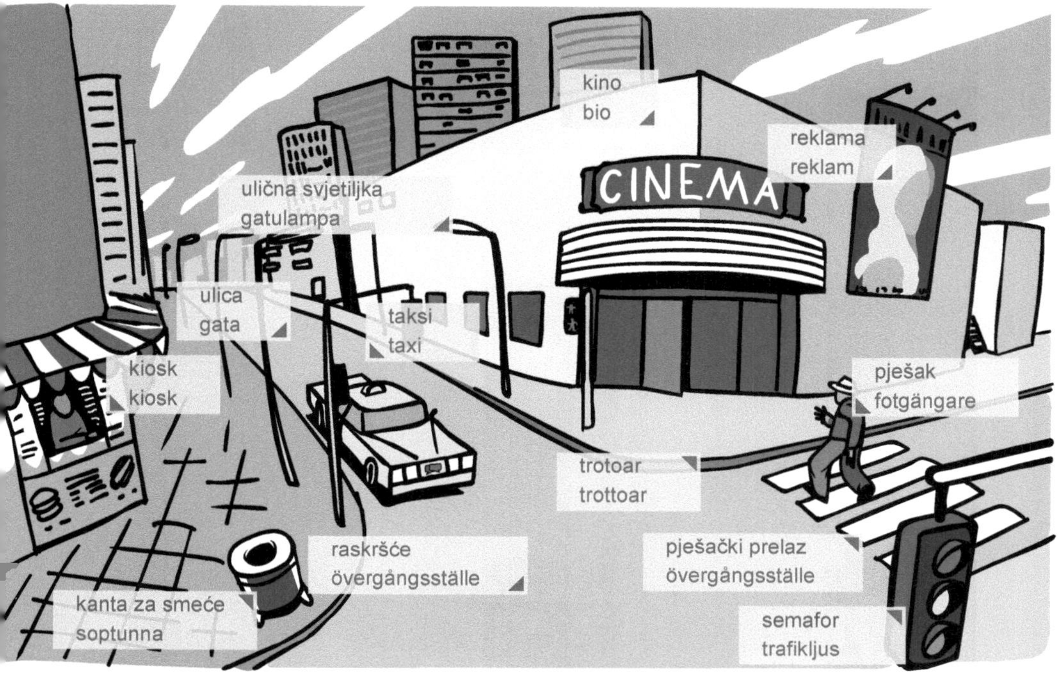

kino
bio

reklama
reklam

ulična svjetiljka
gatulampa

CINEMA

ulica
gata

taksi
taxi

kiosk
kiosk

pješak
fotgängare

trotoar
trottoar

raskršće
övergångsställe

pješački prelaz
övergångsställe

kanta za smeće
soptunna

semafor
trafikljus

koliba
stuga

stan
lägenhet

željeznička stanica
tågstation

vjećnica
stadshus

muzej
museum

škola
skola

univerzitet

universitet

banka

bank

bolnica

sjukhus

hotel

hotell

apoteka

apotek

ured

kontor

knjižara

bokhandel

radnja

affär

cvjećara

blomsterbutik

supermarket

stormarknad

pijaca

marknad

robna kuća

varuhus

prodavač ribe

fiskhandlare

trgovački centar

köpcentrum

luka

hamn

park

park

klupa

bänk

most

brygga

stepenice

trappa

podzemna željeznica

tunnelbana

tunel

tunnel

autobuska stanica

busshållplats

bar

bar

restoran

restaurang

poštanski sandučić

brevlåda

saobraćajni znak

gatuskylt

sat za naplatu parkinga

parkeringsautomat

zološki vrt

zoo

bazen

simbassäng

džamija

moské

seosko imanje
bondgård

zagađenje okoline
förorening

groblje
kyrkogård

crkva
kyrka

igralište
lekplats

hram
tempel

krajolik
landskap

list
löv

putokaz
vägskylt

putokaz
väg

livada
äng

kamen
sten

drvo
träd

putnik
liftare

rijeka
flod

trava
gräs

cvijet
blomma

dolina
dal

brdo
kulle

jezero
sjö

šuma
skog

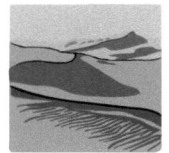

pustinja
öken

vulkan
vulkan

dvorac
slott

duga
regnbåge

gljiva
svamp

palma
palm

komarac
mygga

muha
fluga

mrav
myra

pčela
bi

pauk
spindel

krajolik - landskap

15

ɔuba
skalbagge

žaba
groda

vjeverica
ekorre

jež
ičelkott

zec
hare

sova
uggla

ɔtica
Fågel

labud
svan

divlja svinja
vildsvin

elen
rådjur

los
älg

brana
damm

vjetrenjača
vindkraftverk

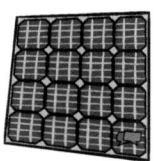

solarni modul
solcellspanel

klima
klimat

restoran
restaurang

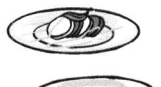

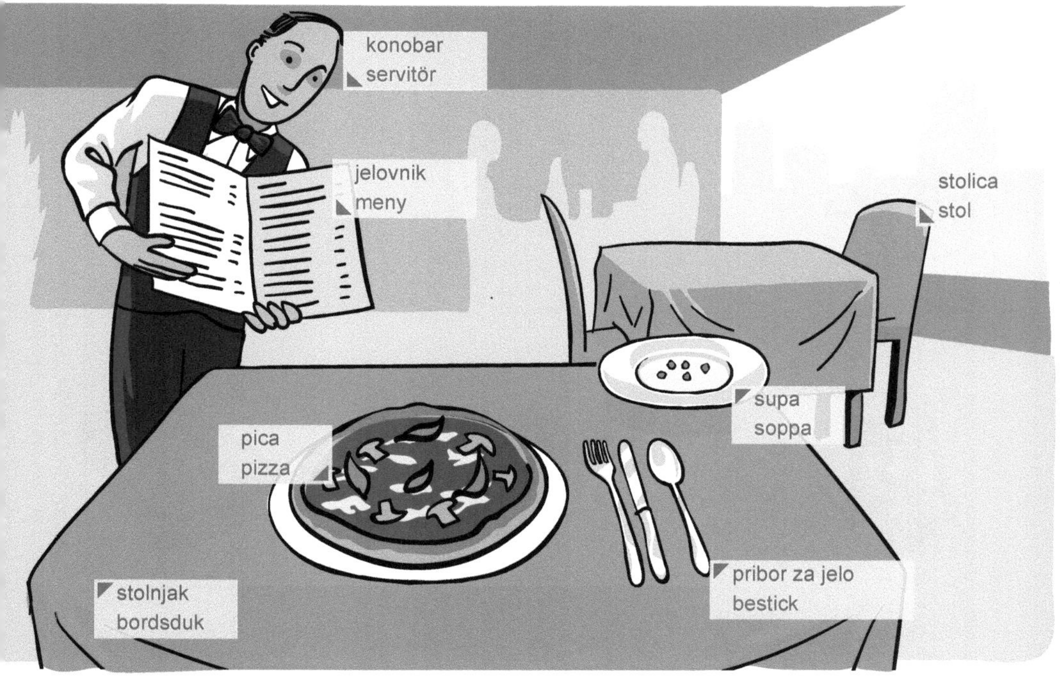
konobar
servitör
jelovnik
meny
stolica
stol
supa
soppa
pica
pizza
pribor za jelo
bestick
stolnjak
bordsduk

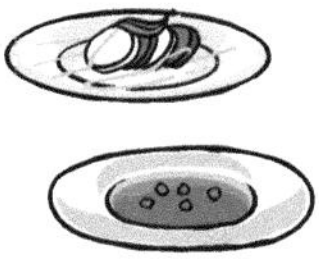

predjelo

förrätt

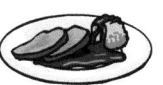

glavno jelo

huvudrätt

desert

dessert

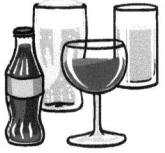

piće

drycker

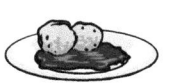

jelo

mat

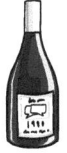

flaša

flaska

brza hrana

snabbmat

jelo sa ulice

street food

čajnik

tekanna

šećernica

sockerskål

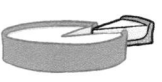

porcija

portion

mašina za espreso

espressomaskin

barska stolica

barnstol

račun

räkning

tacna

bricka

nož

kniv

viljuška

gaffel

kašika

sked

kašičica

tesked

salveta

servett

čaša

glas

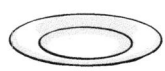

tanjir
tallrik

tanjir za supu
sopptallrik

tanjurić
tefat

sos
sås

solanik
saltkar

mlin za biber
pepparkvarn

sirće
vinäger

ulje
olja

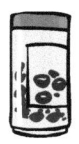

začini
kryddor

kečap
ketchup

senf
senap

majoneza
majonnäs

supermarket
stormarknad

ponuda
specialerbjudande
FOR
klijent
kund
mliječni proizvodi
mejeriprodukter
voće
frukt
kolica za kupovinu
varukorg

BUTCHERS

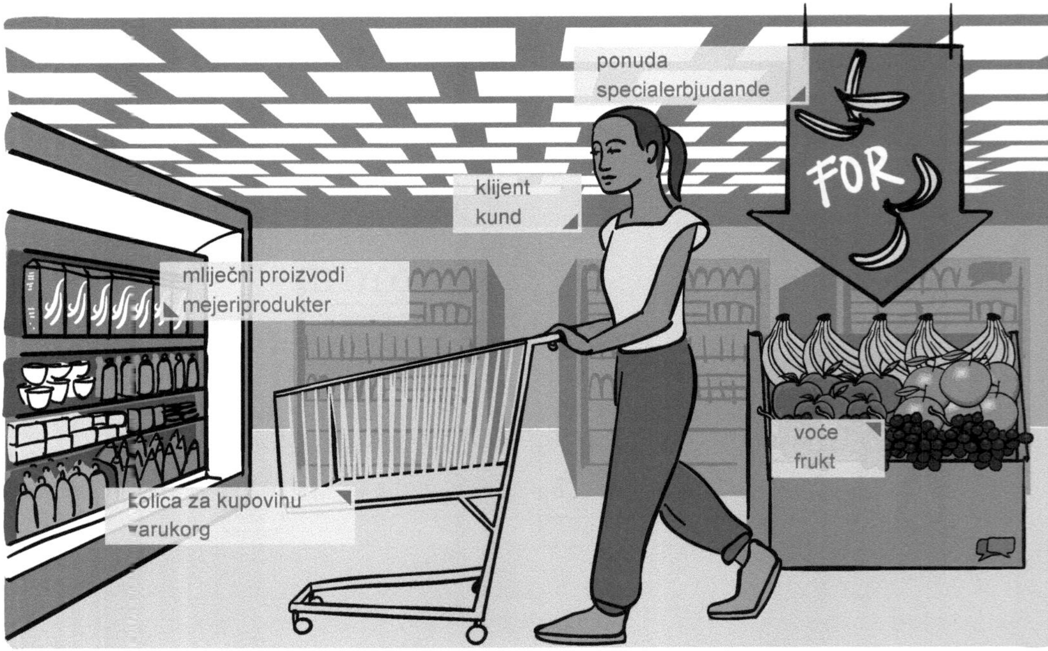

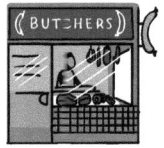

mesnica- klaonica

charkuteri

BAKERY

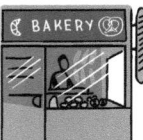

pekara

bageri

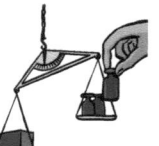

vagati

väga

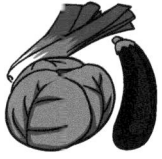

povrće

grönsaker

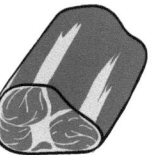

meso

kött

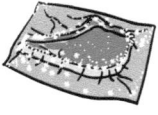

zaleđena hrana

frysta livsmedel

narezak

pålägg

konzerve

konserver

prašak za veš

tvättmedel

slatkiši

godis

kućanski proizvodi

hushållsprodukter

sredstvo za čišćenje

rengöringsmedel

prodavačica

försäljare

kasa

kassa

blagajnik

kassör

lista za kupovinu

inköpslista

radno vrijeme

öppettider

novčanik

plånbok

kreditna kartica

kreditkort

torba

väska

najlonska vrećica

plastpåse

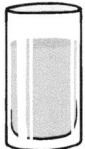

voda

vatten

sok

juice

mlijeko

mjölk

kola

cola

vino

vin

pivo

öl

alkohol

alkohol

kakao

kakao

čaj

te

kafa

kaffe

espreso

espresso

kapućino

cappuccino

banana

banan

jabuka

äpple

narandža

apelsin

lubenica

melon

limun

citron

mrkva

morot

bijeli luk

vitlök

bambus

bambu

crveni luk

lök

gljiva

svamp

orašasti plodovi

nötter

pasta

nudlar

špagete

spaghetti

riža

ris

salata

sallad

pomfrit

pommes frites

pečeni krompir

stekt potatis

pica

pizza

hamburger

hamburgare

sendvič

smörgås

šnicla

schnitzel

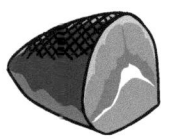

šunka

skinka

kobasica

salami

kobasica

korv

kokoš

kyckling

pečenje

stek

riba

fisk

zobene pahuljice

havregryn

muzli

müsli

kornfleks

cornflakes

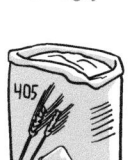

brašno

mjöl

kroason

croissant

zemičke

fralla

kruh

bröd

tost

rostat bröd

keksi

kex

maslac

smör

svježi sir

kvarg

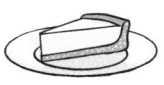

kolač

kaka

jaje

ägg

jaje na oko

stekt ägg

sir

ost

sladoled

glass

šećer

socker

med

honung

marmelada

sylt

nugat krema

nougatkräm

kuri

curry

seosko imanje
bondgård

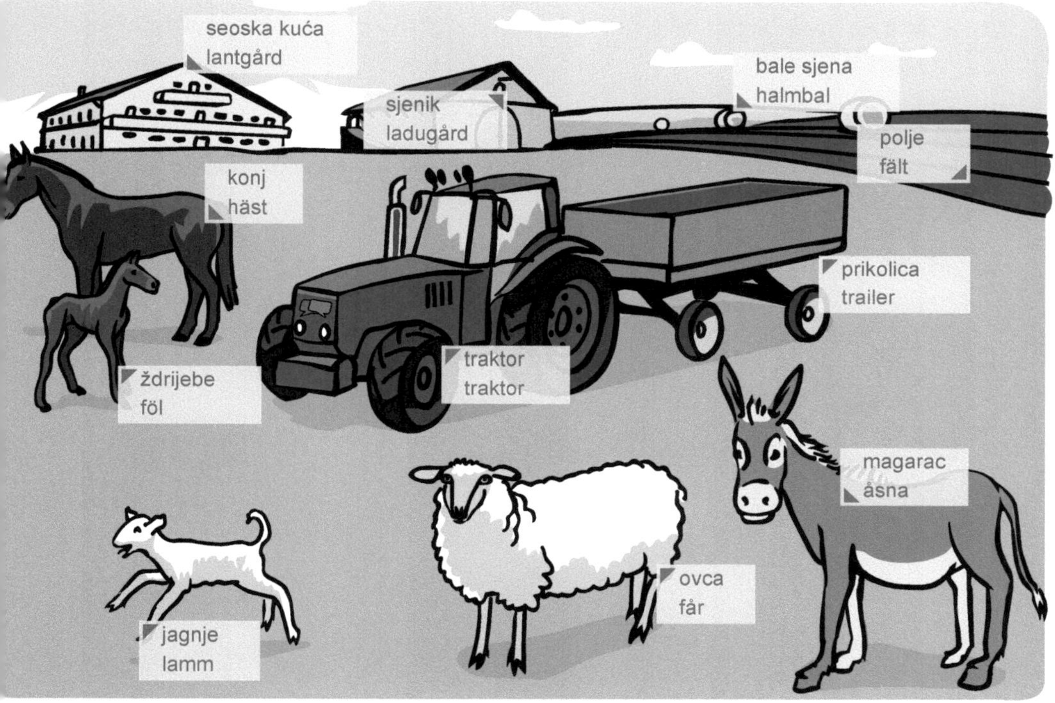

seoska kuća
lantgård
sjenik
ladugård
bale sjena
halmbal
polje
fält
konj
häst
prikolica
trailer
traktor
traktor
ždrijebe
föl
magarac
åsna
ovca
får
jagnje
lamm

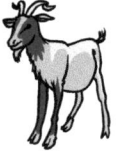

koza

get

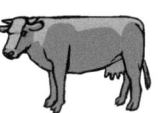

krava

ko

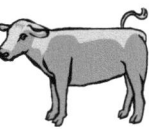

tele

kalv

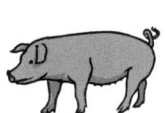

svinja

gris

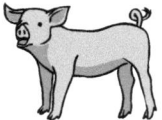

prase

griskulting

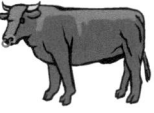

bik

tjur

guska

gås

patka

anka

pile

kyckling

kokoška

höna

pjetao

tupp

pacov

råtta

mačka

katt

miš

mus

vol

oxe

pas

hund

pseća kućica

hundkoja

crijevo za baštu

trädgårdsslang

kanta za zalijevanje

vattenkanna

kosa

lie

plug

plog

srp

skära

motika

hacka

vile

högaffel

sjekira

yxa

tačke

skottkärra

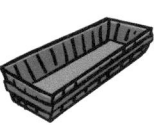

korito

tråg

bokal za mlijeko

mjölkflaska

vreća

säck

ograda

staket

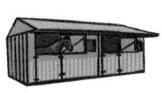

štala

stall

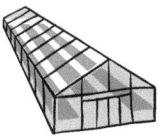

staklenik

växthus

tlo

jord

sjeme

säd

đubrivo

gödsel

kombajn

skördetröska

kositi

skörda

žetva

skörd

jam korijen

jams

pšenica

vete

soja

soja

krompir

potatis

kukuruz

majs

uljana repica

raps

drvo voća

fruktträd

manioka

maniok

žito

spannmål

seosko imanje - bondgård

kuća
hus

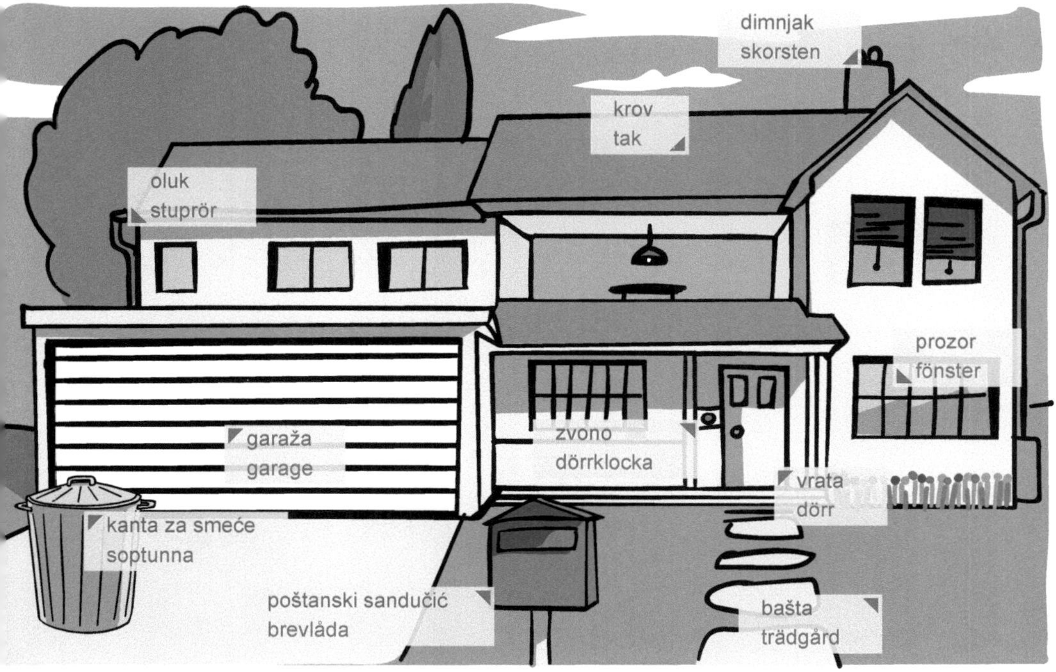
dimnjak
skorsten
krov
tak
oluk
stuprör
prozor
fönster
garaža
garage
zvono
dörrklocka
vrata
dörr
kanta za smeće
soptunna
poštanski sandučić
brevlåda
bašta
trädgård

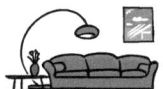

dnevni boravak

vardagsrum

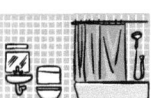

kupatilo

badrum

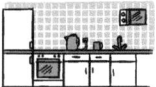

kuhinja

kök

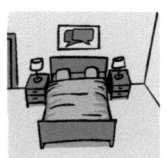

spavaća soba

sovrum

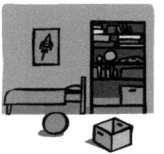

dječija soba

barnrum

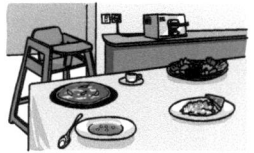

trpezarija

matsal

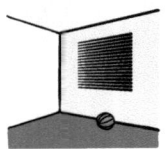

pod, tlo

golv

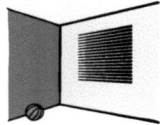

zid

vägg

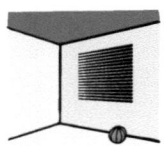

plafon

tak

podrum

källare

sauna

bastu

balkon

balkong

terasa

terrass

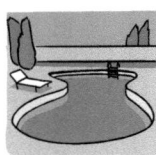

bazen

bassäng

kosilica

gräsklippare

posteljina

lakan

pokrivač

överkast

krevet

säng

metla

kvast

kanta

hink

prekidač

strömbrytare

dnevni boravak
vardagsrum

tapeta
tapet
fotografija
bild
lampa
lampa
polica
hylla
ormar
skåp
televizija
TV
dimnjak
eldstad
cvijet
blomma
jastuk
kudde
kauč
soffa
vaza
vas
daljinski upravljač
fjärrkontroll

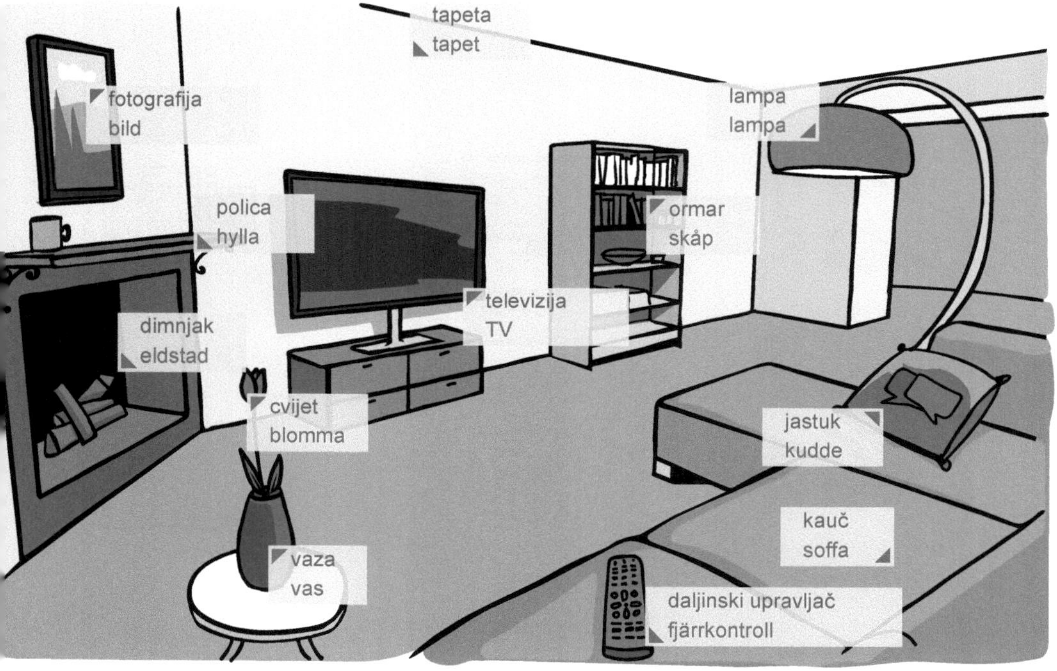

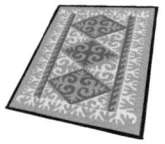

tepih

matta

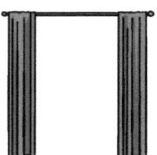

zavjesa

gardin

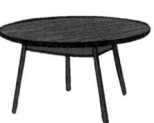

stol

bord

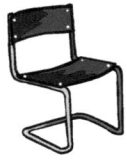

stolica

stol

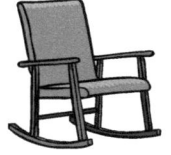

stolica za ljuljanje

gungstol

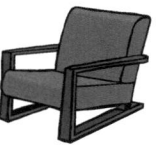

fotelja

fåtölj

knjiga

bok

deka

filt

dekoracija

dekoration

ložno drvo

vedträ

film

film

stereo uređaj

stereoanläggning

ključ

ryckel

novine

dagstidning

umjetnička slika

målning

poster

poster

radio

radio

blok za bilješke

anteckningsbok

usisavač

dammsugare

kaktus

kaktus

svijeća

stearinljus

kuhinja
kök

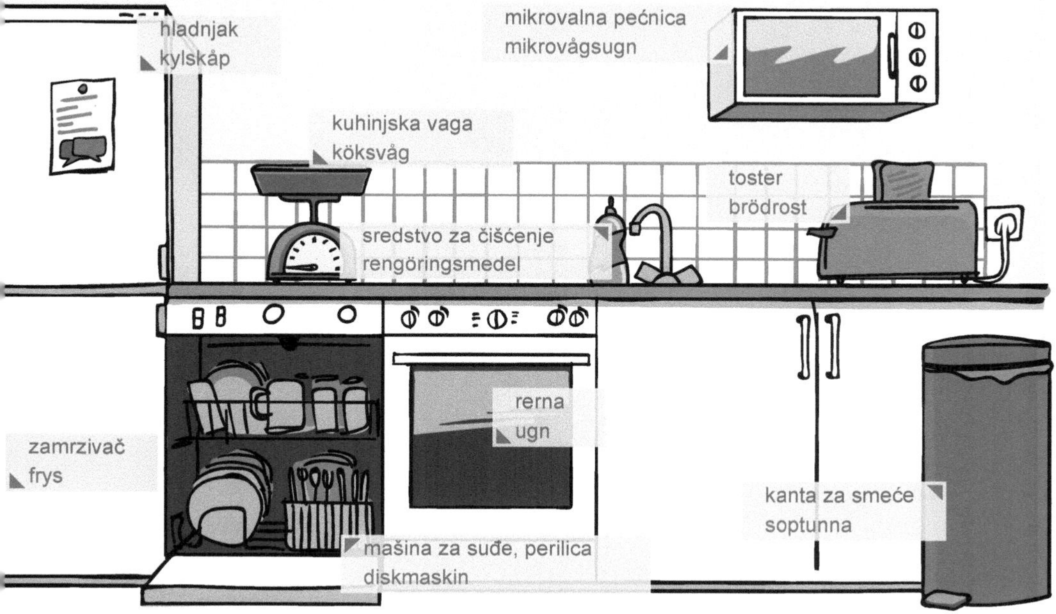

hladnjak
kylskåp
mikrovalna pećnica
mikrovågsugn
kuhinjska vaga
köksvåg
toster
brödrost
sredstvo za čišćenje
rengöringsmedel
rerna
ugn
zamrzivač
frys
kanta za smeće
soptunna
mašina za suđe, perilica
diskmaskin

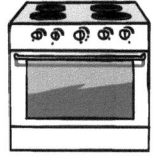

peć

spis

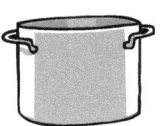

lonac

kastrull

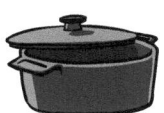

metalni lonac

järngryta

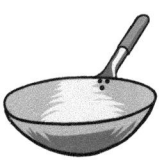

vok / kadai

wok / kadai

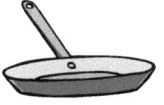

tava, tiganj

stekpanna

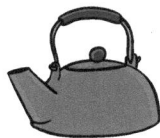

kuhalo

vattenkokare

aparat za kuhanje na pari

ångkokare

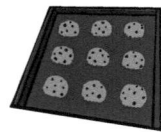

lim za pečenje

bakplåt

posuđe

porslin

šalica

mugg

činija

skål

kineski štapići

ätpinnar

kutlača

soppslev

lopatica

stekspade

metlica za snijeg bjelanjca

visp

sito za kuhanje

durkslag

sito

sil

ribež

rivjärn

avan s tučkom

mortel

roštilj

grill

ložište

brasa

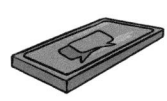

daska

skärbräda

oklagija

kavel

vadičep

korkskruv

konzerva

burk

otvarač za konzerve

burköppnare

krpe za lonac

grytlapp

sudoper

vask

četka

borste

spužva

svamp

mikser

mixer

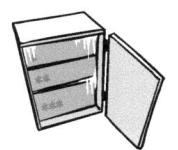

zamrzivač

frys

flašica za bebu

nappflaska

slavina

kran

kupatilo
badrum

grijanje
värme

tuš
dusch

peškir
handduk

zavjesa za tuš
duschdraperi

pjenušava kupka
bubbelbad

kada
badkar

čaša
glas

mašina za veš
tvättmaskin

slavina
kran

pločice
kakel

dječja kahlica
potta

sudoper
vask

toalet	čučavac	bide
toalett	låg toalett	bidet
pisoar	toalet papir	četka za wc
pissoar	toalettpapper	toalettborste

četkica za zube

tandborste

pasta za zube

tandkräm

zubni konac

tandtråd

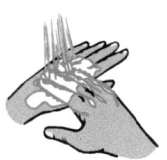

prati

tvätta

tuš

handdusch

intimni tuš

intimdusch

lavor

handfat

četka za leđa

ryggborste

sapun

tvål

gel za tuširanje

duschgel

šampon

schampo

krpe za pranje

trasa

odvod

avlopp

krema

crème

dezodorans

deodorant

ogledalo

spegel

ogledalo za šminkanje

handspegel

brijač

rakhyvel

pjena za brijanje

raklödder

vodica poslije brijanja

rakvatten

češalj

kam

četka

borste

fen

hårtork

sprej za kosu

hårspray

puder

smink

karmin

läppstift

lak za nokte

nagellack

vata

bomullsvadd

makazice za nokte

nagelsax

parfem

parfym

kozmetička torbica

necessär

hoklica

pall

vaga

våg

kupaći ogrtač

badrock

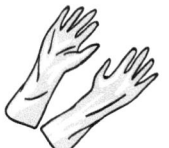

rukavice za čišćenje

gummihandskar

tampon

tampong

uložak za dame

binda

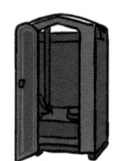

hemijski toalet

kemisk toalett

dječija soba

barnrum

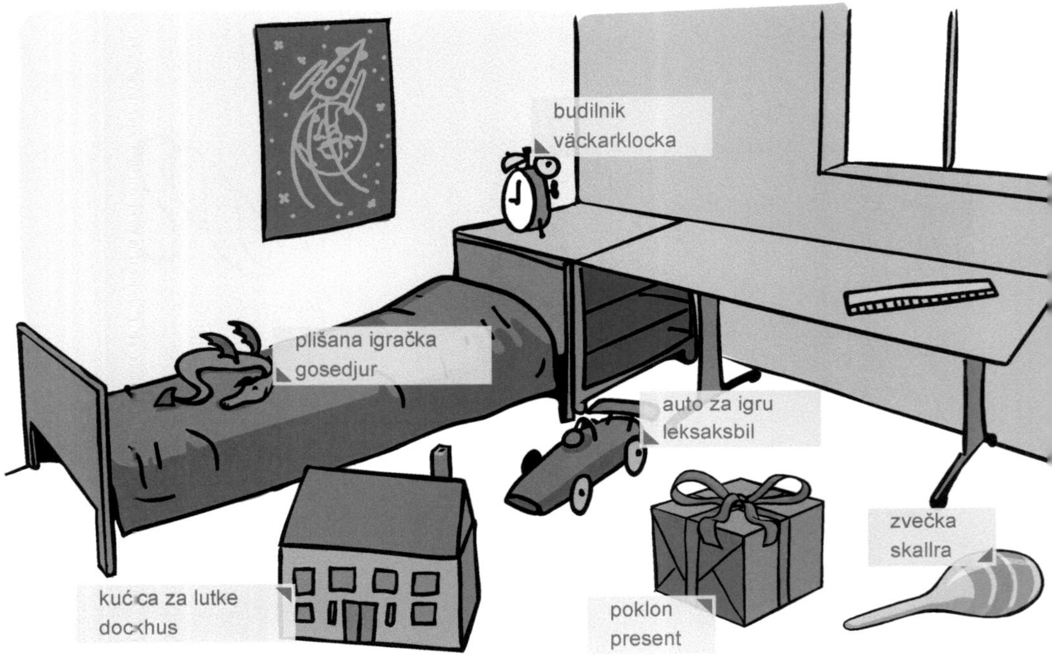

budilnik
väckarklocka
plišana igračka
gosedjur
auto za igru
leksaksbil
zvečka
skallra
kućica za lutke
dockhus
poklon
present

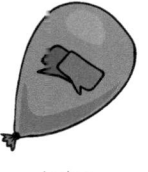

balon

ballong

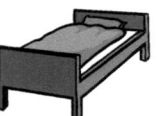

krevet

säng

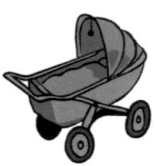

kolica za djecu

barnvagn

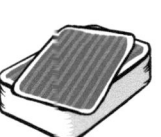

karte za igranje

kortlek

puzle

pussel

SUPER
MEGA

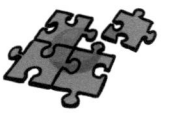

strip

serietidning

lego kockice

legobitar

kockice za gradnju

klossar

akcione figure

actionfigur

benkica

sparkdräkt

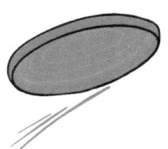

frizbi

frisbee

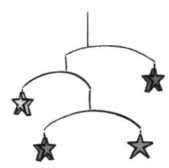

mobile

mobil

igra na ploči

brädspel

kocka

tärning

miniatura željeznice

modelljärnväg

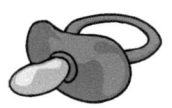

cucla

napp

zabava

party

slikovnica

bilderbok

lopta

boll

lutka

docka

igrati

spela

pješćanik
sandláda

ljuljačka
gunga

igračke
leksaker

konzola za igru
spelkonsol

triciklo
trehjuling

medvjedić
nalle

ormar
garderob

kratke čarape
sockar

čarape
strumpor

hulahopke
tights

šal
halsduk

kišobran
paraply

majica kratkih rukava
t-shirt

kaiš
bälte

čizme
stövlar

papuče
tofflor

patike
sneakers

sandale
sandaler

cipele
skor

gumene čizme
gummistövlar

gaće
underbyxor

grudnjak
BH

potkošulja
linne

odjeća - kläder

45

bodi
body

hlače
byxor

farmerke
jeans

suknja
kjol

bluza
blus

košulja
skjorta

džemper
pullover

majica
sweater

sako
blazer

akna
acka

mantil
kappa

kišni mantil
regnjacka

kostim
dräkt

haljina
klänning

vjenčanica
bröllopsklänning

odijelo
kostym

spavaćica
nattlinne

pidžama
pyjamas

sari
sari

marama
slöja

turban
turban

burka
burka

kaftan
kaftan

abaja
abaya

kupaći kostim
baddräkt

kupaće gaće
badbyxor

kratke hlače
shorts

trenerka
träningsoverall

pregača
förkläde

rukavice
handskar

odjeća - kläder

cugme

knapp

naočare

glasögon

narukvica

armband

ogrlica

halsband

prsten

ring

naušnica

örhänge

kapa

mössa

vješalica

galge

šešir

hatt

kravata

slips

patentni zatvarač

dragkedja

kaciga

hjälm

tregeri za hlače

hängslen

školska uniforma

skoluniform

uniforma

uniform

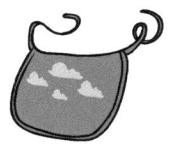

podbradak

haklapp

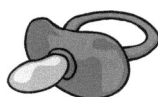

cucla

napp

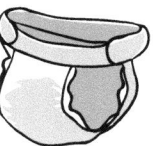

pelene

blöja

ured
kontor

server
server
ormar za kartoteku
dokumentskåp
štampač
skrivare
papir
papper
monitor
bildskärm
pisaći sto
skrivbord
miš
mus
registrator
mapp
tastatura
tangentbord
korpa za papir
papperskorg
kompjuter
dator
stolica
stol

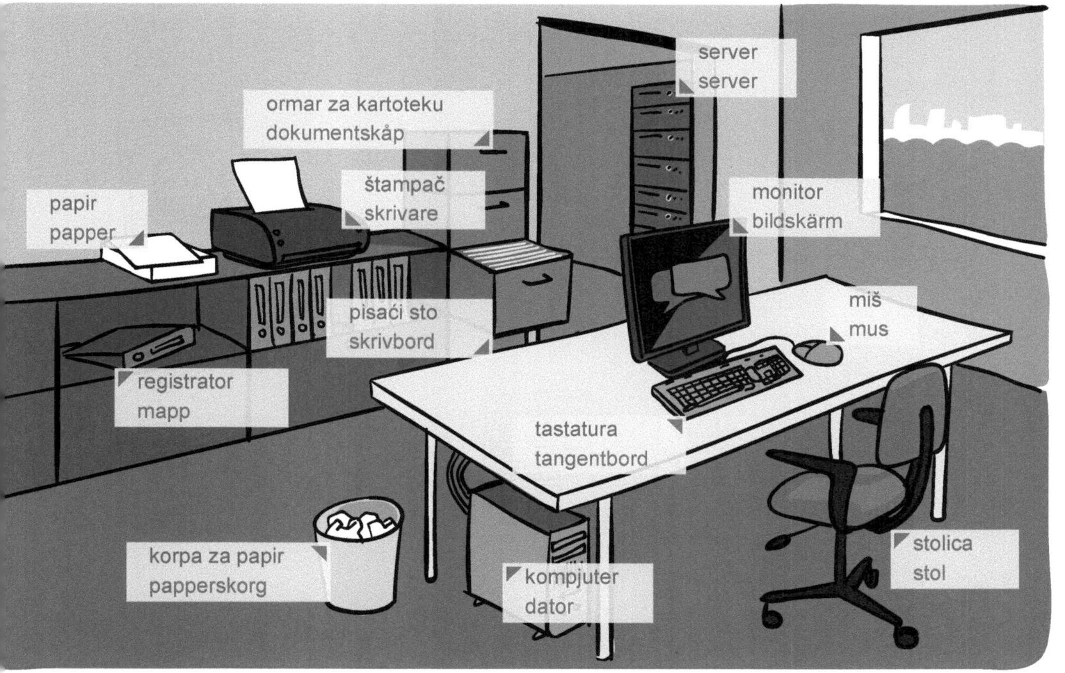

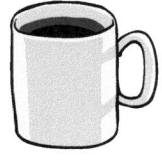

šolja za kafu

kaffemugg

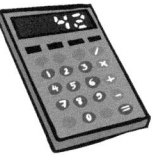

kalkulator

miniräknare

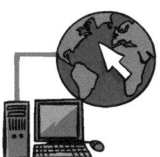

internet

internet

laptop

bärbar dator

pismo

brev

poruka

meddelande

mobilni telefon

mobiltelefon

mreža

nätverk

aparat za kopiranje

kopieringsapparat

softver

programvara

telefon

telefon

utičnica

vägguttag

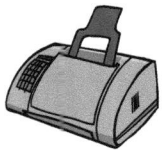

faks

fax

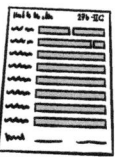

formular

blankett

dokument

dokument

kupovati

köpa

platiti

betala

trgovati

handla

novac

pengar

dolar

dollar

euro

euro

jen

yen

rublja

rubel

franak

schweizisk franc

renminbi jen

renminbi yan

rupi

rupie

bankomat

bankomat

mjenjačnica

vä>elkontor

zlato

guld

srebro

silver

nafta

olja

energija

energi

cijena

pris

ugovor

kontrakt

porez

skatt

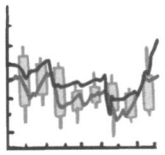

akcija

aktie

raditi

arbeta

službenik

anställd

poslodavac

arbetsgivare

fabrika

fabrik

radnja

affär

zanimanja
yrken

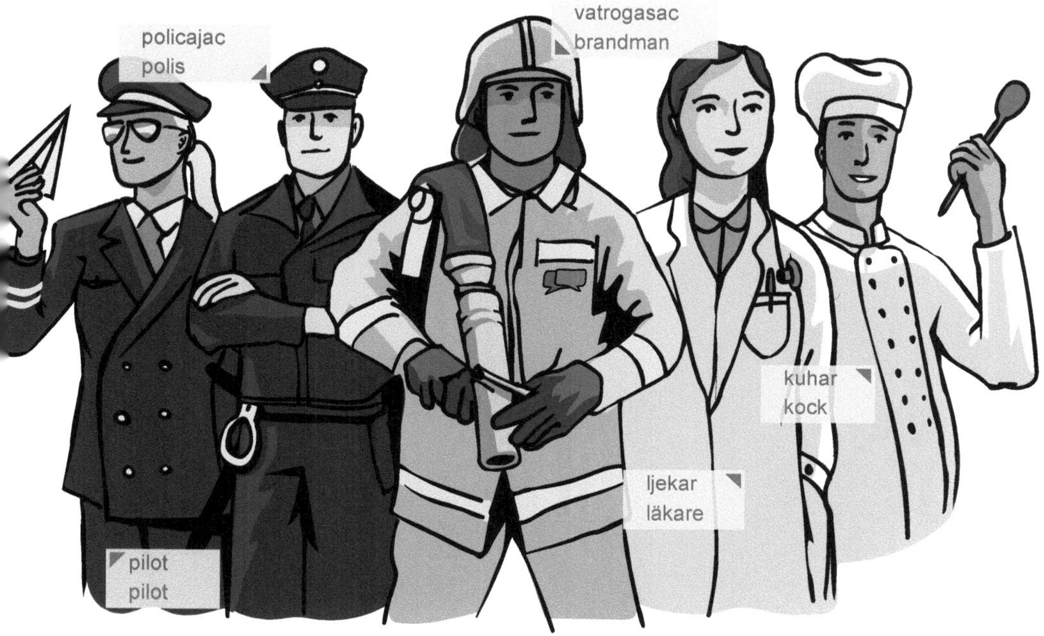

policajac
polis
vatrogasac
brandman
kuhar
kock
ljekar
läkare
pilot
pilot

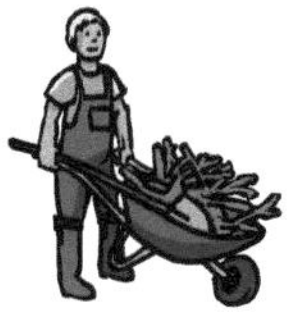

baštovan

trädgårdsmästare

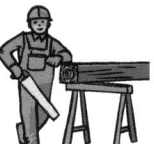

stolar

snickare

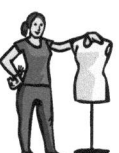

krojačica

sömmerska

sudija

domare

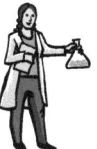

hemičar

kemist

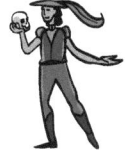

glumac

skådespelare

vozač autobusa

busschaufför

vozač taksija

taxichaufför

ribar

fiskare

čistačica

städerska

krovopokrivač

takläggare

konobar

servitör

lovac

jägare

moler

målare

pekar

bagare

električar

elektriker

građevinski radnik

byggarbetare

inženjer

ingenjör

koljač

slaktare

limar, vodoinstalater

rörmokare

poštar

brevbärare

vojnik

soldat

arhitekta

arkitekt

blagajnik

kassör

cvjećar

florist

frizer

frisör

kontrolor

konduktör

mehaničar

mekaniker

kapiten

kapten

zubar

tandläkare

naučnik

vetenskapsman

rabin

rabbin

imam

imam

monah

munk

sveštenik

präst

alat
verktyg

čekić
hammare
kliješta
tång
izvijač
skruvmejsel
vijčani ključ
skiftnyckel
džepna lampa
ficklampa

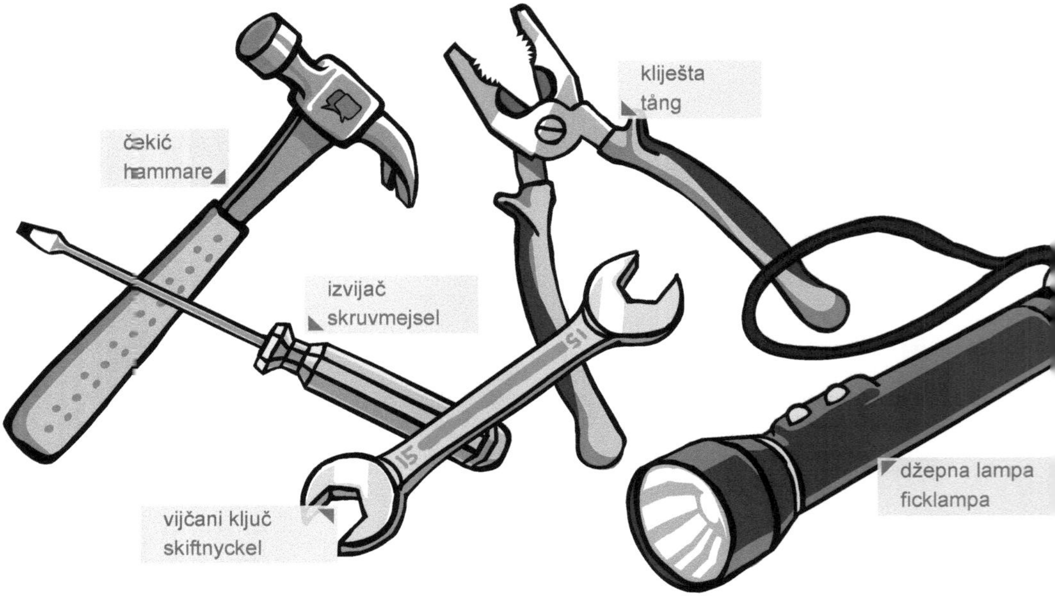

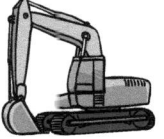

bager

grävmaskin

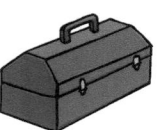

kutija sa alatom

verktygslåda

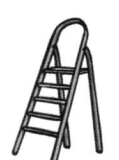

ljestve

stege

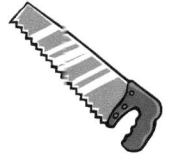

testera, pila

såg

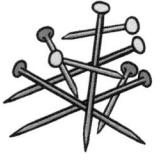

ekser

spik

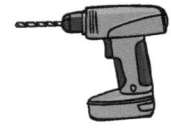

bušilica

borr

popraviti

reparera

lopata

spade

sranje!

Helvete!

lopatica

sopskyffel

kanta boje

färgburk

vijak

skruvar

muzički instrumenti
musikinstrument

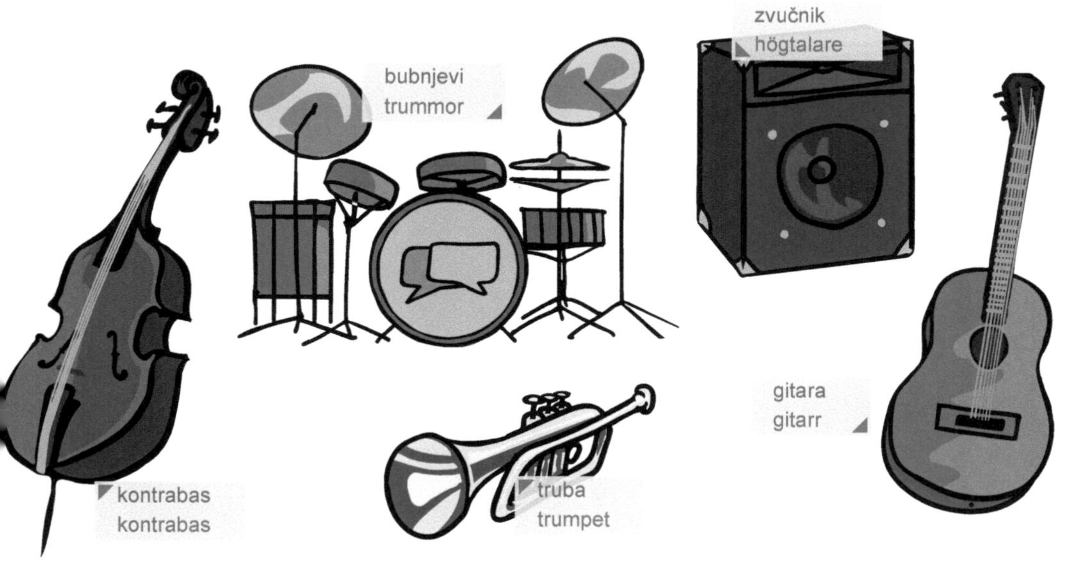

zvučnik
högtalare

bubnjevi
trummor

gitara
gitarr

kontrabas
kontrabas

truba
trumpet

klavir

piano

violina

violin

bas

bas

bubanj timpani

timpani

bubanj

trumma

sintisajzer

keyboard

saksofon

saxofon

flauta

flöjt

mikrofon

mikrofon

zološki vrt

zoo

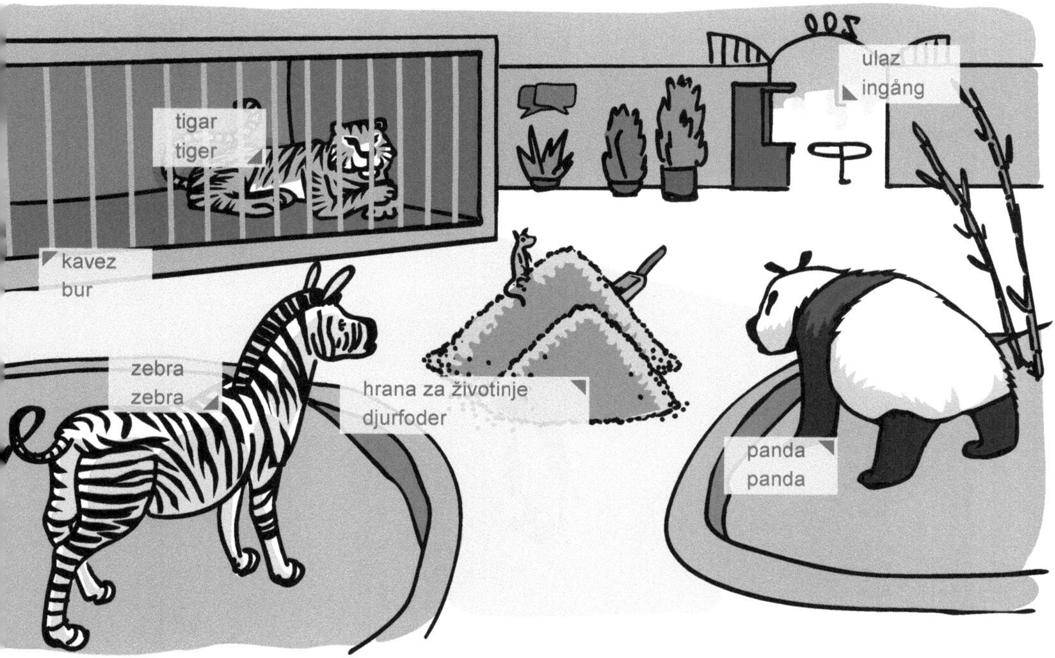

tigar
tiger
kavez
bur
ulaz
ingång
zebra
zebra
hrana za životinje
djurfoder
panda
panda

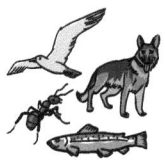

životinje

djur

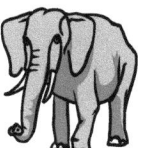

slon

elefant

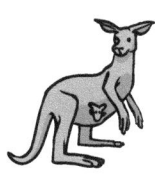

kengur

känguru

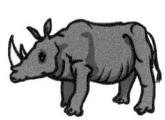

nosorog

noshörning

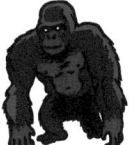

gorila

gorilla

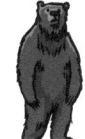

medvjed

björn

kamila

kamel

noj

struts

lav

lejon

majmun

apa

flamingo

flamingo

papagaj

papegoja

polarni medvjed

isbjörn

pingvin

pingvin

morski pas

haj

paun

påfågel

zmija

orm

krokodil

krokodil

čuvar u zološkom vrtu

djurskötare

tuljan

säl

jaguar

jaguar

zološki vrt - zoo

poni
ponny

leopard
leopard

nilski konj
flodhäst

žirafa
giraff

orao
örn

divlja svinja
vildsvin

riba
fisk

kornjača
sköldpadda

morž
valross

lisica
räv

gazela
gazell

amerikanski fudbal
amerikansk fotboll

vožnja bicikla
cykling

tenis
tennis

košarka
basket

plivanje
simning

boks
boxning

hokej na ledu
ishockey

fudbal
fotboll

bedminton
badminton

laka atletika
friidrott

rukomet
handboll

skijanje
skidåkning

polo
polo

skakati
hoppa

zagrliti
krama

smijati se
skratta

ići
gå

pjevati
sjunga

sanjati
drömma

moliti
be

ljubiti
kyssa

pisati
skriva

crtati
rita

pokazati
visa

gurati
skjuta

dati
ge

uzeti
ta

imati
nagel

raditi
göra

biti
vara

stajati
stå

trčati
springa

vući
dra

baciti
kasta

pasti
falla

ležati
ligga

čekati
vänta

nositi
bära

sjediti
sitta

obući
klä på

spavati
sova

probuditi
vakna

pogledati

se på

plakati

gråta

milovati

smeka

češljati

kamma

govoriti

prata

razumjeti

förstå

pitati

fråga

slušati

höra

piti

dricka

jesti

äta

pospremiti

städa

voljeti

älska

kuhati

laga mat

voziti

köra

letjeti

flyga

_edriti

segla

računati

räkna

čitati

läsa

učiti

lära sig

raditi

arbeta

vjenčavti

gifta sig

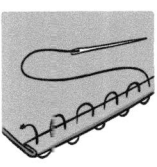

šiti

sy

prati zube

borsta tänderna

ubiti

döda

pušiti

röka

slati

skicka

porodica
familj

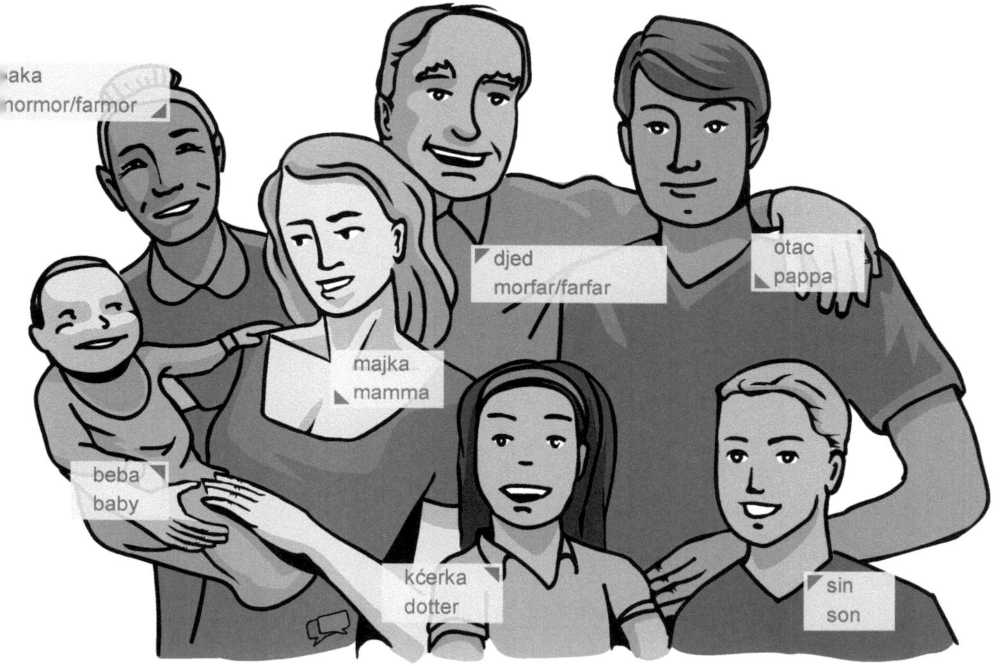
aka
normor/farmor
djed
morfar/farfar
otac
pappa
majka
mamma
beba
baby
kćerka
dotter
sin
son

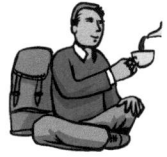

gost

gäst

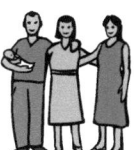

ujna, tetka, strina

moster/faster

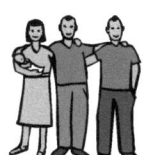

ujak, tetak, stric

farbror/morbror

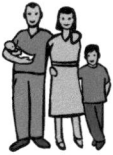

brat

bror

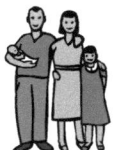

sestra

syster

tijelo

kropp

čelo
panna
oko
öga
leđa
skuldra
prst
finger
lice
ansikte
brada
haka
ruka, šaka
hand
grudi
bröst
noga
ben
ruka
arm

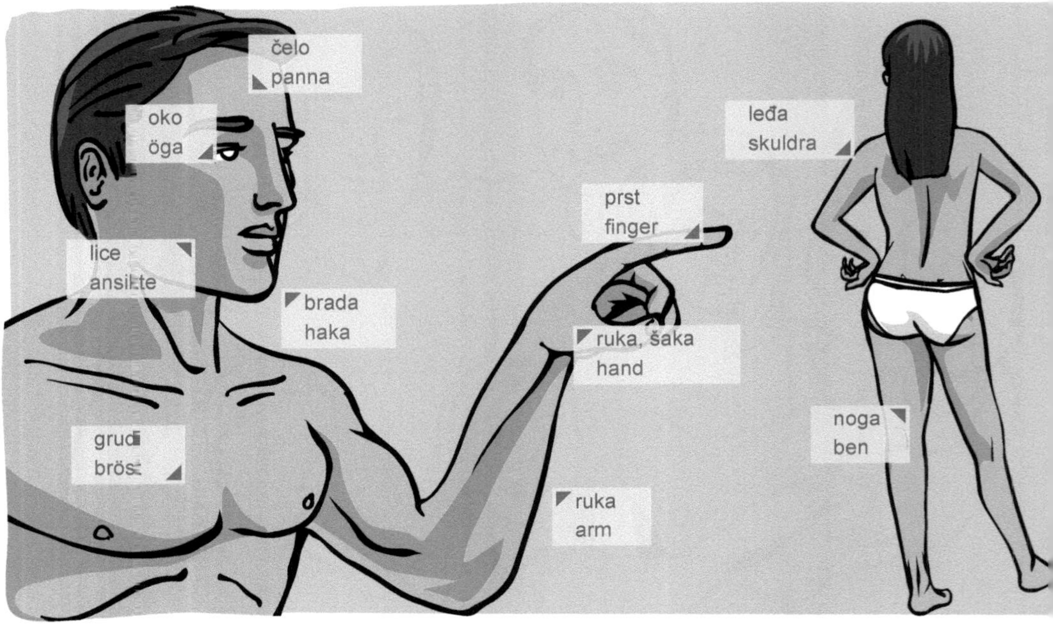

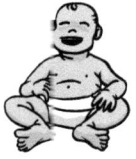

beba

baby

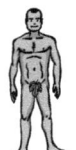

muškarac

man

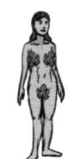

žena

kvinna

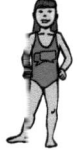

djevojčica

flicka

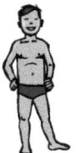

dječak

pojke

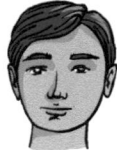

glava

huvud

leđa
rygg

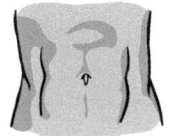

stomak
mage

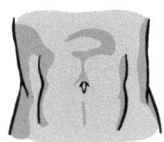

pupak
navel

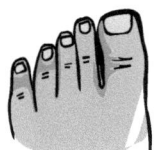

nožni prst
tå

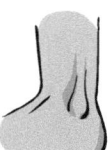

peta
häl

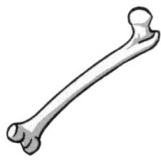

kosti
ben

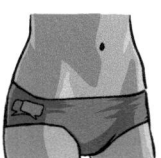

kuk
höft

koljeno
knä

lakat
armbåge

nos
näsa

stražnjica
stjärt

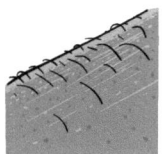

koža
hud

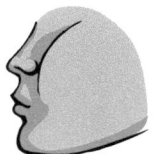

obraz
kind

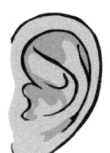

uho
öra

usna
läpp

tijelo - kropp

usta

mun

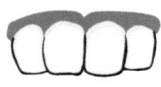

zub

tand

jezik

tunga

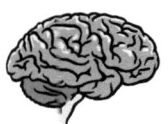

mozak

hjärna

srce

hjärta

mišić

muskel

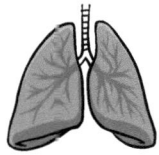

pluća

unga

jetra

lever

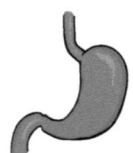

želudac

magsäck

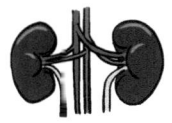

bubreg

njurar

spolni odnos

sex

kondom

kondom

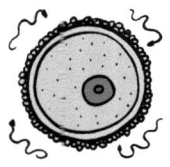

jajna ćelija

äggcell

sperma

sperma

trudnoća

graviditet

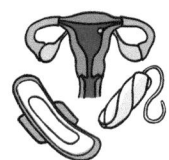

menstruacija
menstruation

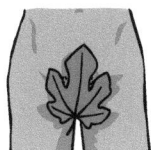

vagina
vagina

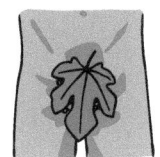

penis
penis

obrva
ögonbryn

kosa
hår

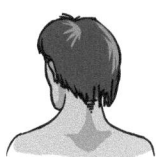

vrat
nacke

bolnica
sjukhus

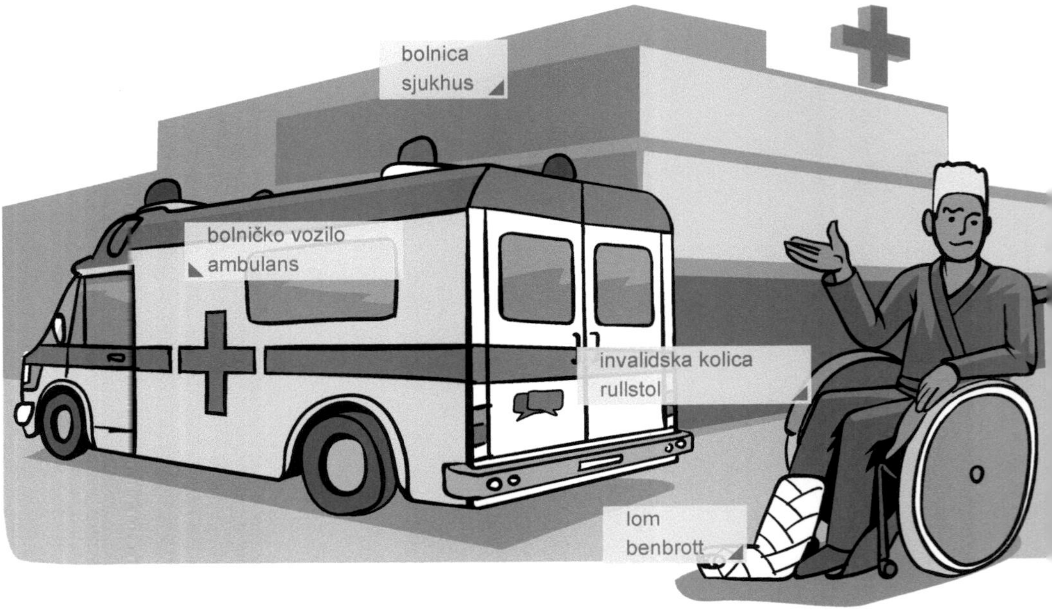

bolnica
sjukhus
bolničko vozilo
ambulans
invalidska kolica
rullstol
lom
benbrott

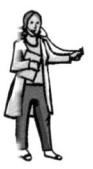

jekar

läkare

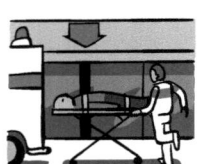

hitna služba

akutmottagning

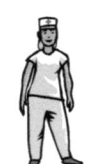

medicinska sestra

sjuksköterska

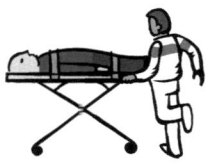

hitna pomoć

nödsituation

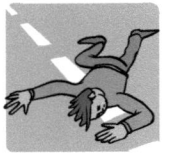

nesvjest

medvetslös

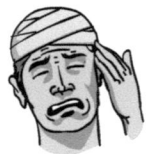

bol

smärta

povreda

skada

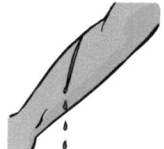

krvarenje

blödning

srčani udar, infarkt

hjärtattack

moždani udar

slaganfall

alergija

allergi

kašalj

hosta

groznica

feber

gripa

influensa

proljev

diarré

glavobolja

huvudvärk

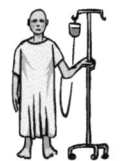

rak

cancer

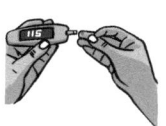

dijabetes

diabetes

hirurg

kirurg

skalpel

skalpell

operacija

operation

CT
CT

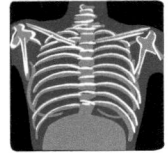

rendgen
röntgen

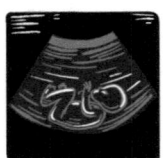

ultrazvuk
ultraljud

maska
ansiktsmask

bolest
sjukdom

čekaonica
väntsal

štake
krycka

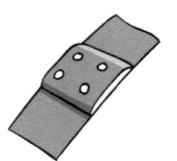

flaster
plåster

zavoj
bandage

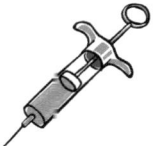

injekcija
injektion

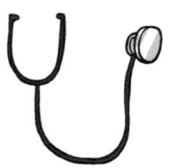

stetoskop
stetoskop

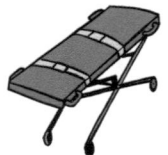

nosilo
bår

termometar
termometer

porod
födsel

prekomjerna težina, debljina
övervikt

slušni aparat

hörapparat

sredstvo za dezinfekciju

desinfektionsmedel

infekcija

infektion

virus

virus

HIV/ AIDS

HIV / AIDS

medicina

medicin

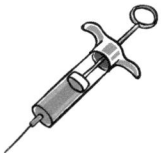

vakcinacija

vaccination

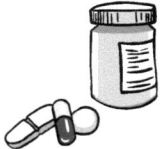

tablete

tabletter

pilula

p-piller

hitni poziv

nödsamtal

aparat za mjerenje pritiska

blodtrycksmätare

bolestan / zdrav

sjuk / frisk

U pomoć!

Hjälp!

alarm

alarm

napad, prepad

överfall

napad

misshandel

opasnost

fara

izlaz u slučaju opasnosti

nödutgång

Požar!

Det brinner!

vatrogasni aparat

brandsläckare

nezgoda

olycka

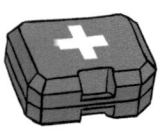

torba prve pomoći

förbandslåda

SOS

SOS

policija

polis

Europa

Europa

Sjeverna Amerika

Nordamerika

Južna Amerika

Sydamerika

Afrika

Afrika

Azija

Asien

Australija

Australien

Atlantik

Atlanten

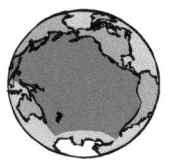

Pacifik

Stilla Havet

Indijski okean

Indiska Oceanen

Antarktički okean

Antarktiska Oceanen

Arktički okean

Arktiska Oceanen

Sjeverni pol

Nordpol

Južni pol
....
Sydpol

Antarktik
....
Antarktis

Zemlja
....
Jorden

zemlja
....
land

more
....
hav

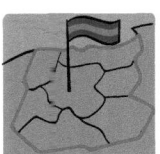

ostrvo
....
ö

nacija
....
nation

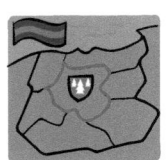

država
....
stat

brojčanik sata

urtavla

kazaljka sata

timvisare

kazaljka minute

minutvisare

kazaljka sekunde

sekundvisare

Koliko je sati?

Vad är klockan?

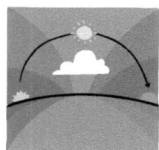

dan

dag

vrijeme

tid

sada

nu

digitalni sat

digital klocka

minuta

minut

sat

timme

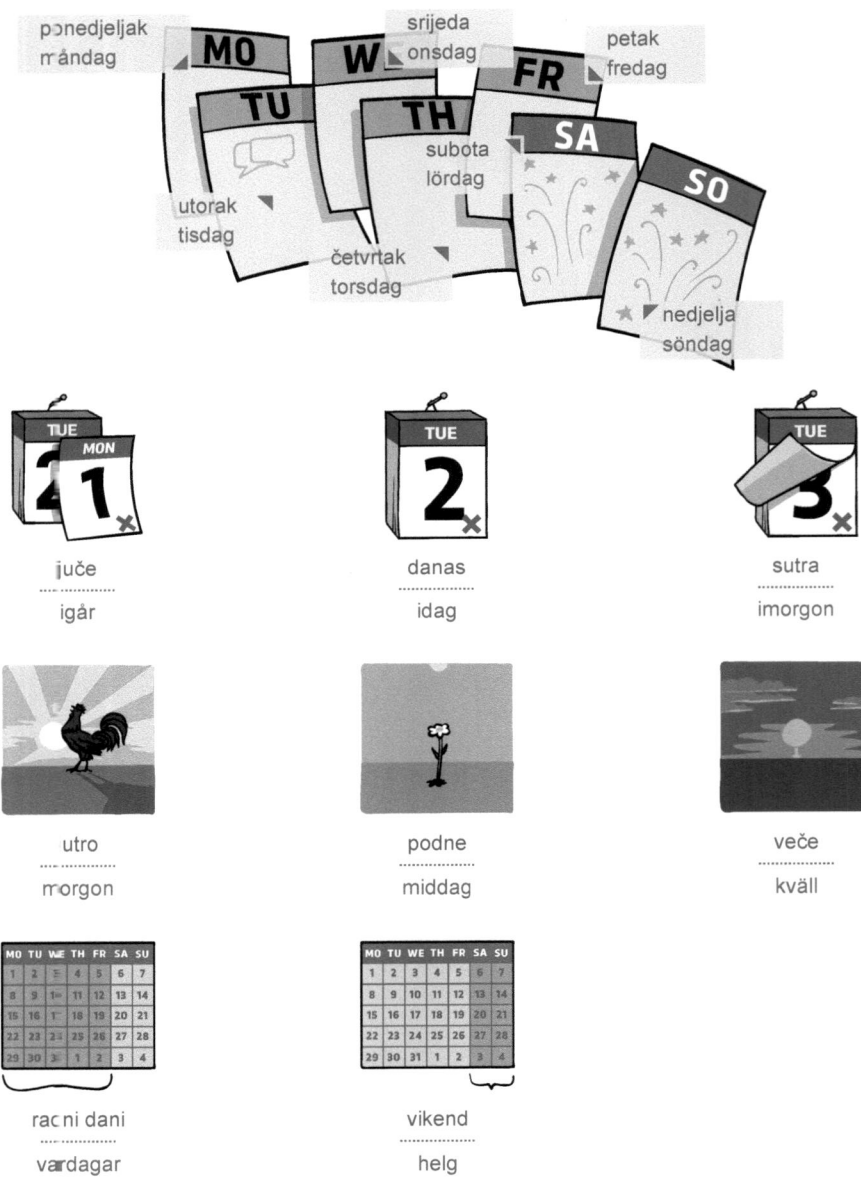

ponedjeljak / måndag

srijeda / onsdag

petak / fredag

utorak / tisdag

četvrtak / torsdag

subota / lördag

nedjelja / söndag

juče
igår

danas
idag

sutra
imorgon

utro
morgon

podne
middag

veče
kväll

rac ni dani
vardagar

vikend
helg

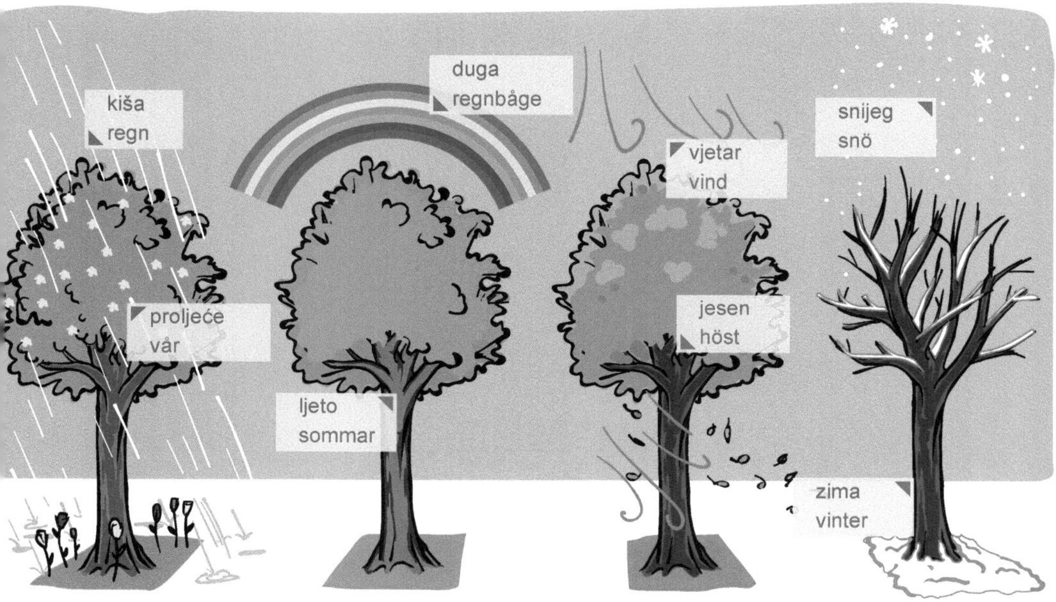

kiša
regn
duga
regnbåge
vjetar
vind
snijeg
snö
proljeće
vår
ljeto
sommar
jesen
höst
zima
vinter

4.APRIL 11°
5.APRIL 4°
6.APRIL 13°
7.APRIL 8°
8.APRIL 10°

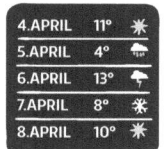

prognoza vremena

väderprognos

F
C
120
90
60
30
0
-30
40
30
20
10
0
-10
-20

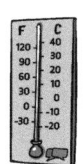

termometar

termometer

sunčev sjaj

solsken

oblak

moln

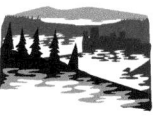

magla

dimma

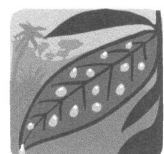

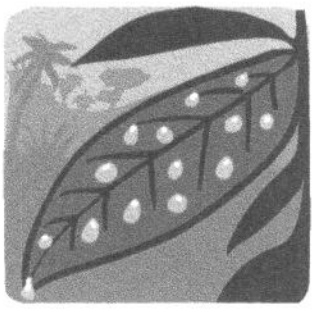

vlažnost vazduha

luftfuktighet

munja
blixt

grom
áska

oluja
storm

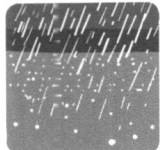

tuča, led
hagel

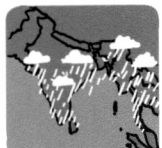

monsun
monsun

poplava
översvämning

led
is

januar
januari

februar
februari

mart
mars

april
april

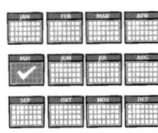

maj
maj

juni
juni

juli
juli

avgust
augusti

septembar
....
september

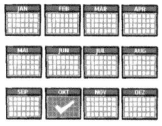

oktobar
....
oktober

novembar
....
november

decembar
....
december

oblici
former

krug
....
cirkel

kvadrat
....
kvadrat

pravougao
....
rektangel

trougao
....
triangel

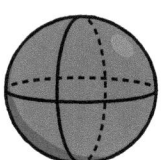

kugla
....
sfär

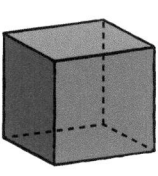

kocka
....
kub

bjel
....
vit

žut
....
gul

narandžast
....
orange

pink
....
rosa

crven
....
röd

ljubičast
....
lila

plav
....
blå

zelen
....
grön

smeđ
....
brun

siv
....
grå

crn
....
svart

malo / mnogo

mycket / lite

ljutit / miran

arg / lugn

lijep / ružan

vacker / ful

početak / kraj

början / slut

veliki / mali

stor / liten

svijetlo / tamno

ljus / mörk

brat / sestra

bror / syster

čist / prljav

ren / smutsig

potpun / nepotpun

komplett / ofullständig

dan / noć

dag / natt

mrtav / živ

död / levande

široko / usko

bred / smal

ukusno / neukusno

ätlig / oätlig

zao / prijatan

ond / god

uzbuđen / dosadan

upphetsad / uttråkad

debeo / mršav

tjock / smal

najprije / najkasnije

först / sist

prijatelj / neprijatelj

vän / fiende

pun / prazan

full / tom

trvd / mekan

hård / mjuk

težak / lagan

tung / lätt

glad / žeđ

hunger / törst

bolestan / zdrav

sjuk / frisk

ilegalan / legalan

olaglig / laglig

inteligentan / glup

intelligent / dum

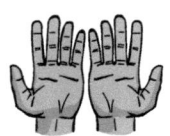

lijevo / desno

vänster / höger

blizu / daleko

nära / långt bort

nov / polovan

ny / begagnad

ništa / nešto

inget / något

star / mlad

gammal / ung

uključeno / isključeno

på / av

otvoreno / zatvoreno

öppen / stängd

tiho / glasno

tyst / högljudd

bogat / siromašan

rik / fattig

tačno / pogrešno

rätt / fel

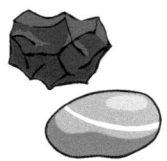

hrapav / glatak

grov / slät

tužan / srećan

ledsen / glad

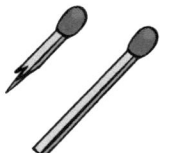

kratak / dug

kort / lång

spor / brz

långsam / snabb

mokro / suho

våt / torr

toplo / hladno

varm / sval

rat / mir

krig / fred

0

nula

noll

1

jedan

ett

2

dva

två

3

tri

tre

4

četiri

fyra

5

pet

fem

6

šest

sex

7

sedam

sju

8

osam

åtta

9

cevet

nio

10

deset

tio

11

jedanaest

elva

12
dvanaest
tolv

13
trinaest
tretton

14
četrnaest
fjorton

15
petnaest
femton

16
šesnaest
sexton

17
sedamnaest
sjutton

18
osamnaest
arton

19
devetnaest
nitton

20
dvadeset
tjugo

100
sto
hundra

1.000
hiljada
tusen

1.000.000
milion
miljon

engleski

engelska

američki engleski

amerikansk engelska

kinesko mandarinski

kinesisk mandarin

hindi

hindi

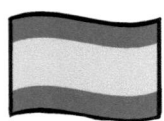

španski

spanska

francuski

franska

arapski

arabiska

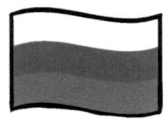

ruski

ryska

portugalski

portugisiska

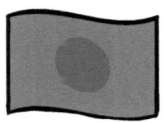

bengalski

bengali

njemački

tyska

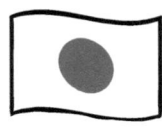

japanski

japanska

ja
....
jag

ti
....
du

on / ona / ono
....
han / hon / den (det)

mi
....
vi

vi
....
ni

oni
....
de

ko?
....
vem?

šta?
....
vad?

kako?
....
hur?

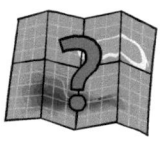

gdje?
....
var?

kada?
....
när?

ime
....
namn

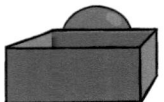

iza

bakom

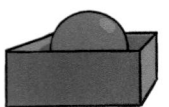

u

i

pred

framför

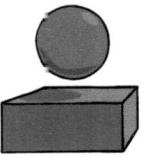

iznad

över

na

på

ispod

under

pored

bredvid

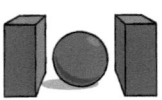

između

mellan

mjesto

plats